CONSIDÉRATIONS

SUR LA

CRÉATION D'UN ÉVÊCHÉ

A LILLE

CONSIDÉRATIONS

SUR LA

CRÉATION D'UN ÉVÊCHÉ

A LILLE

Par Armand PRAT, Avocat

LILLE
IMPRIMERIE DE E. REBOUX
—
1856

CONSIDÉRATIONS

SUR LA

CRÉATION D'UN ÉVÈCHÉ

A LILLE

I

Le 28 novembre dernier, Monseigneur Wicart, premier évêque de Laval, prenant possession de son siége, disait aux fidèles accourus de tous les points du nouveau diocèse :
« Vous ne l'ignorez pas, d'autres cités que Laval, d'autres
» régions que celle-ci ont des désirs, des intérêts, presque
» des droits semblables aux vôtres à faire valoir. Ailleurs
» cependant, les vœux et les intérêts en sont à de vagues
» espérances, tandis que vous entrez aujourd'hui en pos-
» session. »

En tenant ce langage dans une circonstance solennelle, Monseigneur Wicart, enfant du Nord et longtemps curé de Sainte-Catherine à Lille, avait sans doute en vue notre pays dont il connaît tous les besoins et pour lequel il a conservé une vive affection.

Chacun sait que la plupart des villes de France ont dû

leur accroissement à l'action bienfaisante des évêques dans leur sein. Depuis longtemps les causes de développement et de prospérité ont changé; cependant la création d'un évêché n'en reste pas moins pour tout un pays un fait d'une très grande importance par ses résultats même immédiats.

Après l'évêque de Laval, il nous est permis de dire que nous avons sur cette question des désirs, des intérêts, presque des droits à faire valoir. Nous voulons en faire l'exposé, montrer que ces droits sont anciens et ont déjà été reconnus, donner les raisons sur lesquelles ils ont été fondés, et répondre aux objections que l'on pourrait élever sur ce point.

Le souverain Pontife disait lui-même, au mois d'octobre dernier, à un ecclésiastique du Nord, qu'il y avait lieu d'espérer la création d'un évêché à Lille et que l'Empereur des Français était bien disposé en faveur de ce projet. Comment ne serions-nous pas pleins de confiance dans des paroles aussi explicites, et qu'un témoignage également auguste confirmait, il y a quelques jours à peine?

Le moment est d'ailleurs très opportun pour traiter cette question. L'opinion publique nous a devancés. Le concours magnifique et sans précédent dans l'histoire, qui vient d'avoir lieu dans nos murs, lui a donné l'occasion de se manifester. Quelle a été la pensée des architectes si ce n'est la construction d'une cathédrale? N'est-ce pas là ce que la presse française et étrangère a annoncé partout, et n'est-ce pas à ce point de vue que se plaçaient naturellement nos populations, lorsqu'elles se pressaient dans la salle de l'exposition et discutaient le mérite des plans? Il est donc vrai de dire que dans la pensée générale c'est d'une cathédrale que les habitants de Lille veulent doter leur ville.

II

Il serait superflu d'exposer ici les règles du droit canonique sur la création des évêchés ; qu'il nous suffise de connaître la pensée de l'église sur ce point : elle se trouve parfaitement formulée dans une lettre du Pape Urbain II à Lambert, ancien chanoine de Saint-Pierre de Lille, nommé évêque d'Arras.

« Il a paru juste à l'Esprit Saint, dit-il, et au Siége apos-
» tolique de rétablir un pontife particulier à la tête de l'église
» d'Arras. Le vénérable concile de Sardique a statué que
» l'on n'ordonnerait point un nouvel évêque ailleurs que
» dans les villes qui possédaient des pontifes ou dans celles
» qui sont devenues tellement populeuses qu'elles ont acquis
» le droit d'en avoir. De même dans le second concile
» d'Afrique, on décida que le diocèse, qui autrefois avait
» eu un évêque, en aurait un nouveau, et que si, par la
» suite des temps, la foi s'étant accrue, la population d'un
» pays, devenue considérable, manifestait le désir d'avoir
» un guide spécial, un évêque lui serait donné avec le con-
» sentement du pontife sous l'autorité duquel était le terri-
» toire du nouveau diocèse (1). »

---

(1) Dignum igitur spiritui sancto et auctoritati apostolicæ visum est ut Atrebatensi ecclesiæ cardinalis restitueretur antistes. Sanctum enim Sardicense concilium statuit non passim episcopum ordinari, nisi, aut in civita-

— 8 —

Cette lettre, qui avait pour but de faciliter l'érection de l'évêché d'Arras, en divisant l'évêché de Cambrai, retrouve, après huit siècles, une nouvelle application dans le même pays.

On lit également dans une bulle d'Innocent XII, relative à la création de l'évêché de Blois au 17e siècle :

« Considérant que le diocèse de Chartres, est d'une très
» grande étendue tant en longueur qu'en largeur, que le
» pays de Blois est couvert d'une population considérable et
» que la ville de Chartres en est tellement éloignée qu'un
» seul pasteur ne peut convenablement diriger une si grande
» multitude d'âmes..... Nous avons jugé que le remède le
» plus convenable était de séparer du diocèse de Chartres,
» le pays de Blois, celui de Vendôme, et la partie du pays
» de Châteaudun qui se trouve rapprochée de ces deux con-
» trées, et d'ériger la ville de Blois en siége épiscopal (1). »

En ce qui touche la ville de Lille, la question que nous étudions n'est pas nouvelle. Elle a été soulevée à plusieurs

---

tibus quæ episcopos habuerunt, aut quæ tam populosæ sunt ut habere mercantur episcopum. In secundo quoque concilio Africano decernitur, ut illa diœcesis quæ aliquando habuit episcopum, habeat proprium. Et si, accedente tempore, crescente fide Dei, populus multiplicatus desideraverit habere proprium rectorem, ejus videlicet voluntate in cujus potestate est diœcesis constituta, habeat proprium episcopum. (Urbani II epist. CVI, apud Mansi concil. T. XX p. 668).

(1) Considerantes diœcesim Carnotensem tam in longitudine quam in latitudine amplissimam, regionem que Blesensem populorum et incolarum copiâ valde refertam, et civitate Carnotensi esse adeo remotam ut unicus pastor tantam animarum multitudinem eâ quâ par est diligentiâ minime regere possit.... aptissimum que remedium duximus regionem Blesensem et Vindocinencem, ac partem seu certam portionem regionis Dumensis, duabus regionibus præfatis contiguam, à diœcesi Carnotensi separare et dismembrare, oppidumque Blensense.... in cathedralem, ibique sedem episcopalem erige (Bulla Innoc. XII, 1i Julii 1697).

reprises, dans des circonstances diverses, et plus d'une fois elle fut sur le point de recevoir une solution favorable. Il est curieux d'étudier ce qui a été dit et fait à ce sujet. Parmi les arguments produits, les uns n'ont plus de valeur aujourd'hui, parce qu'ils découlaient d'un ordre de choses qui n'existe plus, les autres en grand nombre acquièrent chaque jour plus de force, on pourra s'en convaincre.

Avant 1790, le territoire du diocèse actuel de Cambrai se partageait entre quatre diocèses.

La Flandre maritime, aujourd'hui l'arrondissement de Dunkerque et celui d'Hazebrouck, appartenait au diocèse d'Ypres.

La Flandre Wallonne, qui comprenait l'arrondissement de Lille avec une portion des arrondissements de Douai et de Valenciennes, était soumise à la juridiction de l'évêque de Tournai.

L'Ostrevent, petite contrée comprise entre l'Escaut, la Scarpe et la Sensée, appartenait au diocèse d'Arras.

Les arrondissements de Cambrai et d'Avesnes, avec une partie de l'arrondissement de Valenciennes, formaient le diocèse de Cambrai.

Fénélon trouvait que ce diocèse était une lourde charge. « Il observa, dit Madame de Maintenon dans une lettre,
» qu'il serait utile que les évêchés eussent peu d'étendue,
» et que si on voulait diviser Cambrai, bien loin de pré-
» tendre à un dédommagement, il donnerait une partie de
» son revenu. »

Toute la Flandre wallonne soumise à la France, relevait donc d'un évêque étranger, situation qui devait présenter de nombreux inconvénients et des complications continuelles dans les affaires administratives. Pour y remédier, l'évêque de Tournai avait le plus souvent à Lille un vicaire-général français pris dans le chapitre de Saint-Pierre, et cette dernière institution, sous bien des rapports, pouvait tenir lieu d'un évêché.

En 1686, on construisit à Lille un séminaire d'ordination d'après les prescriptions du Concile de Trente. Les principaux frais étaient déjà faits; l'échevinage avait accordé aux professeurs des immunités et des exemptions, lorsque des difficultés qui survinrent le firent transporter à Tournai. Les bâtiments furent vendus aux religieuses du Saint-Esprit. Ils servent aujourd'hui à la Manufacture des tabacs.

En 1782, le projet de l'érection d'un évêché à Lille fut sur le point d'être réalisé. On proposait de donner, comme à Pamiers, le titre d'évêque au prévôt de Saint-Pierre. La lenteur des négociations à ouvrir avec une puissance étrangère, les embarras politiques de l'intérieur, suscitèrent de nombreux obstacles contre ce projet que la Révolution vint bientôt faire abandonner.

Lors de la restauration du culte en France, le Concordat n'établit d'abord que cinquante siéges épiscopaux, ce qui explique comment le diocèse de Cambrai devint dès-lors si important. D'autres évêchés devaient être érigés au fur et à mesure de l'extinction des pensions ecclésiastiques.

En 1801, la population du diocèse de Cambrai était de 765,000 habitants.

La loi du 4 juillet 1821 qui autorisait le gouvernement à établir ou ériger trente siéges épiscopaux produisit une vive sensation à Lille et dans tout le Nord. Malgré le zèle et l'habileté extraordinaires de Monseigneur Belmas, il était évident pour tout le monde que la charge d'un diocèse aussi étendu que celui de Cambrai, composé de populations différentes par les habitudes et par la langue, dépassait les forces d'un seul homme.

En conséquence, à peine la loi eût-elle été votée, qu'une correspondance, dont toutes les pièces n'ont pu être retrouvées, s'établit sur ce point entre le gouvernement et Monseigneur Belmas.

Après les premières ouvertures auxquelles l'évêque de Cambrai, alors en tournée épiscopale, répondit de Saint-Amand, qu'il allait étudier ce projet dans ses détails, le ministre lui adressa la lettre suivante à la date du 1er septembre 1821.

Monseigneur,

» Le roi me charge de vous informer que dans la négociation ouverte avec le Saint-Père pour régler les circonscriptions définitives des 50 siéges déjà existant, et celle des 30 nouveaux diocèses que la loi du 4 juillet dernier fournit le moyen d'établir successivement, son intention est de procurer au département du Nord, le plus vaste et le plus peuplé du royaume, la faveur d'un deuxième siége épiscopal *placé à Lille*, en étendant sa juridiction sur les arrondissements *de Lille*, Hazebrouck et Dunkerque.

» Les motifs de bienveillance qui ont déterminé Sa Majesté se fondent aussi sur la convenance de pourvoir plus immédiatement aux besoins spirituels de cette nombreuse population qui, dans le département du Nord, est moins rapprochée de Cambrai.

» Considérant, Monseigneur, votre zèle pour le plus

grand bien de la religion, je ne doute pas que vous n'exprimiez au Pape votre consentement à l'érection du siège de Lille qui relèverait de Cambrai, auquel on rendrait son ancien titre d'archevêché.

» Il me sera très agréable de pouvoir rendre compte à Sa Majesté de l'empressement avec lequel vous aurez renouvelé l'exemple de déférence et de noble désintéressement que vous avez déjà donné en 1817, ainsi que tous les évêques titulaires du royaume. »

Dans sa réponse du 13 septembre de la même année, Monseigneur Belmas commence par reconnaître que lorsque Cambrai deviendra un siège métropolitain, il faudra lui donner un autre suffragant. Abordant ensuite directement la question posée par le Ministre, Sa Grandeur déclare qu'elle est prête à renoncer aux arrondissements de Dunkerque et d'Hazebrouck. Quant à l'arrondissement de Lille, si riche, si populeux, et dans lequel l'esprit de foi domine encore, il y aurait des inconvénients à le séparer pour le moment de Cambrai par suite de la difficulté que l'on éprouverait de se procurer en dons et aumônes les ressources pécuniaires suffisantes pour couvrir les dépenses considérables que l'achat, l'entretien des séminaires et le maintien d'autres œuvres diocésaines avaient occasionnées.

Comme on le voit, la question ne se présentait plus que comme une question de finances qui laissait subsister dans toute leur force les nombreux motifs de division.

Les notables de la ville de Lille adressèrent au gouvernement, au commencement de 1822, un Mémoire dans lequel étaient développées les considérations suivantes :

« Le diocèse actuel s'étend sur une ligne de 50 lieues.

» Il y a 33 lieues de Cambrai à Dunkerque.

» La Flandre française comptait autrefois un nombreux clergé ; elle possédait à Douai une université florissante ; Lille, en particulier, renfermait de nombreux couvents, plusieurs hôpitaux, trois colléges, et l'illustre et antique chapitre de Saint-Pierre, qui comptait 70 chanoines. Elle n'a plus aujourd'hui que six paroisses, avec six églises généralement étroites.

» La population est considérablement accrue. (Elle l'est encore depuis.)

» Jadis, le nord de la France formait la principale partie du diocèse de Thérouanne, remplacé par les évêchés de Saint-Omer, Ypres, Boulogne, tous supprimés.

» Le Saint-Siége place les évêchés dans les cités considérables ; ainsi Blois, Versailles, Nancy, Moulins, Dijon, etc. Lille est la septième ville de France. Toutes les villes qui la précèdent ont un évêché.

» Le principe d'un seul évêché par département a été abandonné. »

La faveur avec laquelle ce Mémoire fut accueilli à Paris engagea le Conseil municipal, défenseur naturel et toujours fidèle des intérêts de la cité, à émettre un vœu sur cette matière. M. Charvet-Defrenne, l'un de ses membres, nommé rapporteur de la Commission, s'exprimait ainsi dans la séance du 13 mai 1822 :

« ..... Vous savez, Messieurs, que, d'après la loi du 4 juillet 1821, trente siéges épiscopaux doivent être successivement rétablis ou érigés dans les villes du royaume, et pour les lieux où ils seront jugés nécessaires au bien de la religion, et cela au fur et à mesure de l'extinction des pensions ecclésiastiques.

» Déjà vingt-huit villes se sont empressées de solliciter cette faveur pour elles. Dans ces conjonctures, la ville restera-t-elle dans l'inaction, et le Conseil municipal, interprète naturel de ses sentiments, restera-t-il muet ou silencieux? Non, Messieurs, un pareil reproche ne doit pas nous être adressé; il est de notre devoir, en cette circonstance, de faire valoir les titres qui nous placent en première ligne pour obtenir ces avantages. En effet, Messieurs, Lille, la septième ville de France pour la population, voit les six villes qui la précèdent, comme les cinq qui la suivent, toutes pourvues d'un évêché : elle seule s'en trouve privée.

» Cependant le diocèse de Cambrai se compose de près d'un million d'âmes. Ce nombre paraît devoir s'accroître encore d'une manière prodigieuse, à en juger du moins par notre arrondissement.

» Le diocèse est tout en longueur sur une étendue d'environ 50 lieues. Comment un seul prélat, malgré tout son zèle et son activité, pourrait-il suffire à tous les soins, à tous les détails que réclament à la fois et l'administration temporelle et la surveillance morale et religieuse d'un si vaste et si populeux diocèse?

» Aussi les contrées septentrionales, beaucoup trop éloignées du foyer de chaleur et de lumière, languissent en ne voyant apparaître qu'après de longs intervalles, le premier pasteur, dont la continuelle résidence dans ces mêmes contrée serait si indispensable et si salutaire. . . . .
. . . .

» Quel honneur, ne pensez-vous pas, messieurs, rejaillirait sur notre ville si elle possédait un jour un homme de l'éloquence des Bossuet, des Massillon! et, dans des temps de calamité (que Dieu veuille éloigner de nous!) quels secours, quelles consolations n'apportait pas à son troupeau ce pieux Belzunce, héros et martyr de la charité, et ce respectable Fénelon, qui, par l'influence de ses vertus et de son caractère, se faisait respecter des armées ennemies et parvenait à adoucir le fléau de la guerre dans les parties de son diocèse qui s'en trouvaient le théâtre!

» En possédant un évêque dans nos murs, nous y aurons un surveillant précieux pour nos colléges, nos écoles, nos hôpitaux et nos établissements de charité; une partie de ses revenus sera le patrimoine de nos pauvres; par son autorité et ses exemples, il réchauffera le zèle de son clergé, y fera germer cet esprit de charité qui pousse aux actes de dévoûment; la discipline sera surveillée, les études mises en honneur, le clergé grandira en science et en vertu, et les cérémonies du culte, offrant plus de pompe et de majesté, se recommanderont davantage au respect et à la vénération du peuple.

» Au reste, les intérêts privés de nos familles, de nos propriétés, ne réclament-ils pas que la religion acquiert dans nos contrées tout son ascendant et toute son influence?

» Négociants, voulons-nous jouir en paix du fruit de nos travaux et de notre industrie? Manufacturiers, voulons-nous que les vastes ateliers qui s'élèvent de toute part ne deviennent pas un jour la proie des incendiaires? Voulons-nous qu'ils soient dirigés par des agents fidèles et incorruptibles? Peuplés d'ouvriers sages et soumis? Appelons la religion à notre secours, multiplions ses ministres, afin qu'ils travail-

lent à civiliser religieusement cette population qui s'accroît, qui arrive en foule des pays voisins sur nos frontières, et qui deviendrait, à la moindre instigation, au moindre mouvement, un foyer de désordre et de révolte. » . . . .
. . . .

Après avoir fait ressortir tous les avantages moraux, tous les bienfaits, tout le lustre que la ville aurait à recueillir de la résidence d'un évêque dans son sein, le rapporteur passe à la considération des intérêts matériels et il ajoute :

« Administrateurs, enfin, nous ne manquerons pas d'apprécier les avantages matériels qui découlent de l'établissement d'un évêché : augmentation de produits des octrois par la résidence au séminaire d'un grand nombre d'élèves, par celle du nombreux personnel attaché à l'administration de l'évêché, par l'arrivée, le séjour d'une multitude d'étrangers que les offices ecclésiastiques y appelleront, les constructions qui feront vivre nos ouvriers, l'augmentation des propriétés, etc. Je n'ai pas besoin de m'apesantir sur ces détails et beaucoup d'autres qui auront déjà frappé votre esprit. »

. . . .

« Une seule objection pourrait être faite : c'est la crainte d'être entraîné dans des dépenses au-dessus de nos ressources ; mais, rassurons-nous à cet égard, les trois quarts et plus de cette dépense sont à la charge de l'Etat et du département, et la faible portion qui concernerait la ville serait couverte par le produit des octrois. Mais, fallût-il des sacrifices, aurions-nous à hésiter, Messieurs, à l'aspect d'aussi grandes convenances, resterions-nous en arrière de beaucoup d'autres villes moins fortunées que la nôtre ? Ne serions-nous faciles que pour des objets de luxe et de plaisir, et les grands intérêts de la morale, de la religion et des familles, pour le présent et pour un long avenir, nous trouveraient-ils froids et parcimonieux? Non, Messieurs, vous n'encourrez point un pareil reproche et vos suffrages, que je réclame en cet instant, feront la joie et le bonheur de la plus saine partie de notre population. »

Le Conseil municipal émit à l'unanimité le vœu qu'une demande fût adressée au gouvernement à l'effet de fonder un nouvel évêché dont le siége serait à Lille, et qui comprendrait les arrondissements de Lille, d'Hazebrouck et de Dunkerque.

Cette délibération fut adressée à M. le Ministre de l'intérieur le 19 juillet 1822 par M. de Muyssart, maire de Lille.

A la même époque, le 15 mai 1822, une délibération sur le même sujet avait lieu dans le sein du Conseil municipal de Bailleul. Nous la reproduisons textuellement :

« Le Conseil municipal de la ville de Bailleul, assemblé en session ordinaire, informé que le Conseil municipal de la ville de Lille vient d'émettre son vœu pour qu'il plût à Sa Majesté d'ériger en cette dernière ville un siége épiscopal pour la partie septentrionale du diocèse actuel, comprenant les arrondissements de Lille, d'Hazebrouck et de Dunkerque, dont la population est d'environ 450,000 âmes;

» Considérant que Sa Majesté a daigné manifester l'intention d'établir de nouveaux siéges épiscopaux pour satisfaire aux besoins de ses peuples, et arrêter la dépravation des mœurs qui va croissant par les funestes effets de la Révolution qui a laissé presque une génération entière sans instruction religieuse, dépravation qui tend sans cesse à la corruption générale et au renversement de l'ordre social;

» Que le département du Nord, qui contient environ un million d'âmes et dont la population s'accroît tous les jours par l'augmentation de ses fabriques, est un de ceux où l'établissement d'un nouveau siége épiscopal est le plus nécessaire, d'autant plus que sa grande étendue, toute en longueur, présente les plus grands inconvénients pour les rapports qui existent entre l'évêque et les pasteurs de ces trois arrondissements, notamment de ceux d'Hazebrouck et de Dunkerque, qui en sont éloignés de vingt à trente lieues;

» Que l'érection de ce siége en la ville de Lille aurait d'ailleurs l'avantage inappréciable de déterminer un plus grand nombre de jeunes étudiants à se destiner à l'état ecclésiastique, par la facilité que leur procurerait la proximité d'un séminaire en ladite ville, et que l'on parviendrait par là à éviter ce vide effrayant que l'on a à craindre pour l'avenir, résultant de l'insuffisance du nombre de prêtres nécessaires à l'instruction religieuse d'une si nombreuse population, négligée pendant si longtemps;

» Le Conseil municipal, à l'unanimité, émet le vœu que l'érection d'un siége épiscopal en la ville de Lille, ancienne capitale de la Flandre, puisse avoir lieu, et invite M. le Maire à faire parvenir ce vœu aux pieds du trône, en suppliant Sa Majesté de le prendre en considération.

» Fait en séance à Bailleul, le 15 mai 1822. »

M. Van Mœrris, maire, transmit ce vœu à Paris.

On s'étonnera sans doute qu'après ces manifestations unanimes, avec l'accord du pouvoir civil et du pouvoir ecclésiastique, le projet d'érection d'un évêché à Lille ne fut pas mis immédiatement à exécution. Mais nous l'avons déjà dit, la question était uniquement une question financière. L'évêché de Lille devait nécessairement entraîner la formation d'une nouvelle province ecclésiastique, la province de Paris dont l'évêché de Cambrai faisait partie, depuis le Concordat, étant reconnue beaucoup trop vaste. On recula devant les dépenses assez considérables que l'érection simultanée de l'archevêché de Cambrai et de l'évêché de Lille allaient occasionner, alors que par suite de la pénurie des sujets, le service du culte était encore imparfaitement organisé dans les paroisses du Nord. La question fut ajournée, mais non abandonnée.

Depuis, le projet a reçu un commencement d'exécution. En 1842, le siége de Cambrai érigé en archevêché reprenait dans la hiérarchie catholique le rang élevé auquel les Pierre d'Ailly, les Fénelon et les Vanderburgh l'avaient placé. Aujourd'hui les circonstances paraissent tout-à-fait favorables pour continuer ce qui a été si heureusement commencé. D'une part, nous voyons le gouvernement, en même temps qu'il favorise le mouvement commercial et industriel, étendre sa sollicitude éclairée sur les intérêts religieux et moraux des populations, prendre sans hésiter les mesures qu'il juge les plus efficaces pour les protéger, comme il vient de le faire par l'érection d'un évêché à Laval et la nomination d'un suffragant à l'archevêque de Paris. D'autre part, les motifs de l'érection d'un évêché à Lille qui ont été sommairement exposés plus haut et qui depuis longtemps ont fait une si profonde impression sur les gouvernements précédents, acquièrent chaque jour une plus grande force. Nous allons le démontrer.

III

Ce qui frappe tout d'abord dans le diocèse de Cambrai, qui comprend le département du Nord en entier, c'est son immense population et la forme singulière de son territoire.

Un peu avant le concordat, en 1801, le diocèse comptait d'après le recensement officiel, 765,004 habitants; en 1825 la population était de 905,764 habitants; en 1836 de 1,026,417 habitants. Le dernier recensement fait en 1851, donne 1,158,285 habitants. Depuis lors la population s'est accrue d'une manière encore plus rapide, principalement dans l'arrondissement de Lille, ainsi que le constatera le prochain recensement. C'est d'ailleurs ce même arrondissement qui a reçu de beaucoup le plus grand accroissement. Sa population était de 222,988 habitants en 1801, de 261,949 en 1825, de 371,000 en 1851. Il n'y a pas d'exagération à la porter aujourd'hui à 380,000 habitants. Dans l'intervalle d'un demi-siècle, l'arrondissement de Lille seul a donc vu sa population s'accroître de plus de 150,000 habitants.

L'arrondissement de Dunkerque qui, en 1801, avait 80,242 habitants en comptait 105,444 en 1851, et celui d'Hazebrouck de 96,245 était arrivé à 104,515 habitants.

Ce chiffre de 1,158,285 n'est-il pas effrayant pour un seul évêque, quelque zélé, quelque infatigable qu'il soit? Son rôle n'est pas celui d'un simple administrateur, mais il doit être l'ami, le père de toutes ses ouailles, maintenir la foi, veiller à l'exercice du culte, diriger les consciences, mission délicate et qui exige la connaissance la plus exacte, la plus détaillée des hommes et des choses. Aussi nos pasteurs, que la providence semble avoir choisis avec un soin tout particulier, tant ils ont montré de vertus, de zèle, d'étendue dans l'esprit et d'amour dans le cœur, ont-ils été unanimes sur ce point. On a vu la pensée de Monseigneur Belmas. Monseigneur Giraud, à peine archevêque de Cambrai, déclara et répéta bien des fois depuis, qu'il était disposé à faire le sacrifice de l'arrondissement d'Avesnes pour favoriser le rétablissement du siége antique de Laon; puis des arrondissements de Lille, Hazebrouck et Dunkerque, pour amener l'institution d'un évêque à Lille, disant qu'il lui suffisait d'avoir encore à sauver trois arrondissements avec des villes de l'importance de Cambrai, Douai, Valenciennes, supérieures à beaucoup de villes épiscopales même de France.

Monseigneur Régnier, notre vénérable archevêque, dans une pieuse et chaleureuse exhortation à Sainte-Catherine au mois de mai 1853, disait, en excitant les habitants de Lille à imiter les grandes villes du diocèse qui avaient une belle église dédiée sous l'invocation de Notre-Dame : « Bâtissez l'église de Notre-Dame de la Treille, ce sera l'église de toute la ville, Dieu sait ce qu'elle deviendra un jour. » Et une autre fois, à l'occasion de la résidence qu'on proposait d'établir à Lille pour les archevêques de Cambrai si le premier il consentait à venir l'occuper plusieurs mois dans l'année, il répondit : « Que l'on établisse toujours cette résidence, ce sera l'embryon d'un évêché. »

Un seul diocèse a une population un peu supérieure à celui de Cambrai, c'est le diocèse de Paris qui se trouve sous tous les rapports dans une position exceptionnelle. Néanmoins un nouvel évêque vient d'y être adjoint à l'archevêque, avec le titre d'évêque suffragant, pour l'aider dans l'administration spirituelle.

Parmi les 79 diocèses de France autres que ceux de Paris et de Cambrai, cinq n'atteignent pas 200,000 habitants, quatorze restent en dessous de 300,000, vingt-deux de 400,000, seize de 500,000, dix de 600,000 habitants. En divisant le diocèse de Cambrai et en donnant au diocèse de Lille les arrondissements de Dunkerque et de Hazebrouck, ces deux diocèses auraient, en supposant que la population n'ait pas augmenté depuis cinq ans, celui de Cambrai, 577,173 et celui de Lille 581,142 habitants, et compteraient parmi les quinze plus populeux de la France.

Ce motif, déjà si puissant, tiré de l'importance de la population, devient encore plus frappant lorsque l'on considère la forme singulière du territoire qu'elle habite. Le département du Nord n'a qu'une étendue ordinaire, puisqu'il vient le 56e pour la superficie de son territoire; néanmoins c'est celui qui offre dans le sens de la longueur la distance la plus considérable. Il y a 50 lieues de Dunkerque à Trélon. Cambrai se trouve presque à l'extrémité du diocèse et éloigné de 20 à 30 lieues des arrondissements d'Hazebrouck et de Dunkerque; d'où il suit que les rapports si utiles avec l'autorité diocésaine ont été longtemps difficiles et rares. Depuis quelques années les chemins de fer ont offert une facilité plus grande pour les communications. Cette modification, en atténuant certains inconvénients, ne les écarte pourtant pas complétement.

La présece de l'évêque dans une localité ne saurait être

trop fréquente. L'influence de son auguste caractère, sa sagesse, son expérience, le spectacle de ses vertus produisent immédiatement les plus heureux résultats. Ne pouvons-nous pas constater, pour notre ville en particulier, que toutes les fois que nos pasteurs ont habité parmi nous, le mouvement religieux a été plus prononcé, un élan plus ferme ayant été imprimé à toutes les œuvres catholiques?

Cette population immense et éloignée du centre de l'autorité épiscopale n'est pas homogène. Les habitants du nord du diocèse diffèrent complètement des autres par le caractère, les habitudes et la langue, ce qui constitue déjà jusqu'à un certain point un clergé particulier.

Ajoutons, pour compléter cet exposé, que le diocèse actuel renferme 634 paroisses, 1067 prêtres, 236 congrégations et communautés religieuses, 15 établissements ecclésiastiques pour l'éducation de la jeunesse, des œuvres de toute nature que l'évêque doit diriger par lui-même et pour lesquels il ne peut jamais se faire remplacer qu'imparfaitement.

Ce qui vient d'être dit de la situation générale du diocèse dispense des commentaires. Ces chiffres parlent assez haut et justifient par eux-mêmes nos désirs. Disons un mot des intérêts de la ville de Lille sur cette question.

Lille, ville de premier ordre, centre du mouvement industriel le plus important qu'il y ait en France, est aussi remarquable par la générosité de ses habitants et leur esprit religieux, que par son commerce et ses richesses. On l'appelle au loin la ville des bonnes œuvres, et c'est justice, car nulle part les œuvres de charité n'y sont plus florissantes. Mais toutes ces œuvres, qui ont porté si haut et si loin sa réputation, sont dues à la générosité, au dévouement privés. Les diverses administrations et le gouvernement l'ont dotée avec magnificence de plusieurs établissements d'une grande utilité, mais sous le rapport du culte, il y a quelques mois à peine, rien n'avait encore été fait en sa faveur. Lille ne possède pour une population de 75,793 habitants que six églises paroissiales, dont aucune n'est véritablement remarquable; elle se trouve déchue sous ce rapport et en quelque sorte doublement deshéritée et des avantages qui lui étaient anciennement acquis et des compensations auxquelles elle a pu depuis longtemps prétendre légitimement.

Dans toute la catholicité, si l'on excepte Bruxelles, c'est la seule ville de cette importance qui ne soit pas le siége d'un évêché. En France, non-seulement les villes qui la précèdent, mais encore celles qui la suivent immédiatement jouissent de cet avantage. Privée à la fois de cour d'appel et d'Académie, Lille n'a dû être et n'a été considérée que que comme ville manufacturière. Depuis quelques années, de nobles efforts ont été tentés pour y développer la vie intellectuelle. La Faculté des Sciences, l'Ecole de Médecine et l'Ecole professionnelle, habilement dirigées, portent déjà leurs fruits. Le véritable complément de ces institutions serait la création d'un évêché. Il en résulterait les plus grands avantages pour tout le pays et pour Lille en particulier, tant dans l'ordre spirituel que dans l'ordre purement matériel.

Dans l'ordre spirituel, l'arrondissement de Lille, qui seul formerait un diocèse important, a été le théâtre d'un mouvement religieux très prononcé, ainsi que nous l'avons montré récemment, en faisant connaître le nombre considérables des églises paroissiales, des succursales, des chapelles construites, des maisons religieuses établies depuis quinze ans. Il faut en rendre grâce à Dieu, mais pourtant ne pas se faire illusion. Ce même arrondissement, qui offre tant de ressources pour le bien, renferme aussi tous les éléments de dissolution et de mal. La classe intelligente et aisée, dans les villes qui toutes sont manufacturières, est adonnée presque exclusivement au commerce et à l'industrie, dont les chances diverses, les difficultés rendues plus grandes par la concurrence, captivant son attention, excitant son activité, tiennent son esprit dans un état perpétuel de perplexité. Le spectacle assez fréquent de grandes fortunes acquises en peu de temps, quoique d'une manière très honorable, excite au plus haut degré le désir d'acquérir vite et beaucoup. Un luxe parfois exagéré développe l'amour excessif des jouissances et vient contraster avec les privations de tout genre que les classes inférieures ont à supporter, même dans les temps les plus favorables.

Que dire des ouvriers de fabrique? Ils couvrent nos villes et presque toutes nos campagnes. Leur nombre augmente chaque jour; l'immigration belge prend de plus vastes proportions, et dans certaines localités la langue flamande est autant parlée que la nôtre. Si le travail de ces masses de travailleurs rend plus fécondes les sources de la richesse publique, leur agglomération toujours croissante sur un territoire resserré présente de graves inconvénients. Leur condition matérielle et morale s'est-elle améliorée? ou bien ne nous offriront-ils pas, dans un avenir peut-être peu éloigné, lors d'une grande crise commerciale, le tableau désolant du paupérisme, cette plaie sociale qui n'est pas la pauvreté et qui défie tous les efforts de la charité elle-même?

On peut, en quelque sorte, appliquer aux ouvriers de l'arrondissement, et principalement à ceux de Roubaix et de Tourcoing, ce qui a été dit des ouvriers de Lille. Une statistique récente et officielle, basée sur des chiffres reconnus vrais, a démontré que nulle part la misère n'était plus grande ni plus générale que dans Lille.

Ce tableau n'a rien d'outré, chacun peut s'en convaincre. Aussi notre pieux archevêque, Monseigneur Régnier, s'écriait-il douloureusement, il y a peu de temps, qu'il ne pouvait arrêter sa pensée sur la condition des ouvriers de Lille et des environs sans éprouver au cœur une impression poignante de tristesse; et un célèbre orateur ne craignait pas, l'an dernier, de dire franchement du haut de la chaire qu'il tremblait en songeant à ce que serait ce pays dans un demi-siècle si l'on ne se hâtait d'apporter des remèdes sérieux à la misère, à la haine de celui qui n'a pas contre celui qui a, à l'ignorance en matière de religion, à la démoralisation générale.

Ce remède, quel est-il? Il est dans l'action religieuse et nulle part ailleurs. Le mouvement industriel étant donné avec ses avantages et ses dangers, il ne s'agit pas de le comprimer, de l'étouffer, mais il faut le diriger, tirer parti des avantages, prévenir les dangers, ou du moins en affaiblir la portée. Déjà la religion, en multipliant ses moyens d'action, a produit d'heureux résultats dans l'arrondissement. Cela est insuffisant. Il n'y aura de garantie sérieuse et assurée que lorsqu'elle agira d'une manière directe et continuelle sur les populations, par le ministère de l'évêque, son représentant le plus auguste ici-bas.

A Lille, la présence de l'évêque donnerait aux cérémonies du culte dans la cathédrale une majesté et un éclat auxquels les habitants ne sont nullement accoutumés.

Outre le chapitre, deux grands établissements, les séminaires, augmenteraient le nombre des foyers d'étude et de science, trop rares dans le pays.

Au point de vue matériel, l'accroissement de population qui en résulterait, le mouvement considérable de personnes qu'occasionneraient les retraites ecclésiastiques, les ordinations, les affaires quotidiennes, contribueraient à augmenter d'une manière permanente le revenu municipal.

Cette dernière considération a aussi sa valeur en ce sens qu'elle montre que les dépenses, du reste peu importantes, que pourrait faire la ville pour arriver à ce but ne seraient pas improductives.

Ainsi, à quelque point de vue que l'on se place, l'utilité, la nécessité même d'un évêché nous paraît démontrée.

Les dépenses seraient en grande partie à la charge du département et de l'Etat. Dans cet ordre d'idées, nous trouvons encore un motif puissant à faire valoir, motif qui présente un caractère de haute convenance et en quelque façon de justice.

On sait qu'en outre des centimes additionnels aux contributions directes, qui forment l'une des principales ressources départementales, une impôt composé d'un certain nombre d'autres centimes additionnels n'est pas, comme les précédents, consacré aux dépenses des départements dans lesquels il est perçu, mais est centralisé au Trésor et forme un *fonds commun* à tous les départements, lequel est ensuite distribué entr'eux eu égard à leurs besoins.

Le département du Nord qui, par ses contributions et le mouvement de ses richesses, contribue puissamment à la prospérité générale, n'a pas eu jusqu'à présent, il est permis de le dire, une part proportionnelle aux largesses du gouvernement.

Il suffit, pour s'en convaincre, d'indiquer la part qu'il a ordinairement dans la répartition du fonds commun, et nous ne pouvons mieux faire à ce sujet que de donner un extrait du rapport de M. Choque au conseil général en 1852.

Après avoir constaté que le département du Nord qui, en 1852, versait au fonds commun 371,938 fr., n'en retirait que 45,000, qu'en 1853 il y versera 398,505 et n'en retirera que 60,000, le rapporteur ajoutait :

« Dans l'échelle de proportion de la richesse territoriale, estimée d'après les produits de la contribution foncière, le département de la Seine-Inférieure vient immédiatement après le département de la Seine, car nous n'avons que le n° 3. Eh bien! le département de la Seine-Inférieure ne vote que 5 centimes facultatifs et nous en avons 6. Sur ces 5 centimes, au lieu de 6, il ne prélève au profit de la première section de son budget que 2 centimes 60/100 de centime; tandis que nous prélevons, nous, 2 centimes 71/100. Quelle est donc sa part de fonds commun ? 150,000 fr. — Quelle est la nôtre? 60,000 fr.

» Le département de Seine-et-Oise qui a le n° 5, qui, pas plus que nous, n'a épuisé ses centimes facultatifs et ne supporte aucun centime extraordinaire, qui ne prélève sur ses centimes facultatifs pour couvrir sa première section, que 158,000 fr., lorsque nous en prélevons 229,000, verse dans le fonds commun 312,500, et en retire, combien? 250,000 fr.

» Le département de la Gironde, n° 7, qui ne fournit à sa première section que 203,000, touchait cette année 250,000 fr.; et, grâce à une augmentation de 20,000 fr., en touchera 270,000.

» Le département de Seine-et-Marne, n° 12, pour un prélèvement modique de 2 centimes 53/100, touchera 330,000 fr.; soit 94,047 fr. de plus que son apport.

» Le département du Rhône, n° 17, dont le prélèvement ne sera que de 168,000 fr., touchera une allocation de 340,000 fr.

» Le département des Bouches-du-Rhône, n° 29, qui ne prélève sur ses centimes facultatifs qu'un centime 45/000, pas davantage, touchera une allocation de 340,000 fr., supérieure à son versement de 158,200 fr.

» Le département de la Marne, n° 31, qui ne prélèvera sur le centime facultatif que 125,000 fr., et ne supporte aucun centime extraordinaire, touchera 325,000 fr., allocation supérieure à son apport de 151,586 fr.

» Le Loiret, n° 32, dont le prélèvement n'est que de 2 centimes 13/100, soit, pour 1852, 101,000 fr., en touchera 220,000. »

Cette situation n'a pas changé, malgré les réclamations qui ont été faites dans le sein du Conseil général. Le département du Nord a versé au fonds commun, en 1854 et en 1855, 399,497 et 374,999 fr.; il a retiré 45,000 et 60,000 fr. En 1856, il versera 377,172 fr. et ne recevra que 20,000 fr.

N'est-il donc pas permis d'espérer que devant une entreprise d'un ordre aussi élevé que la création d'un évêché, le gouvernement pourrait venir en aide au département en lui accordant, ne serait-ce que pour une année, une part plus large dans la répartition du fonds commun?

IV

C'est parce que nous sommes pleins de confiance dans la force et la justesse de nos raisonnements que nous voulons exposer les diverses objections qui peuvent être faites contre le projet d'érection d'un évêché à Lille. Il est facile d'y répondre, sans disconvenir néanmoins qu'il existe sans doute quelques obstacles. Mais quel est le projet de cette nature qui n'en offre pas?

Avant toute autre se présente la question des dépenses, qui ne laisseraient pas que d'être assez considérables. Si l'on reconnaît à la nouvelle institution des caractères d'utilité incontestable et même de nécessité, la question des dépenses devient secondaire, à moins que celles-ci ne soient tellement élevées qu'il faille de grands sacrifices pour les couvrir. Nous n'en sommes pas là. Il s'agit de l'acquisition d'un palais épiscopal, de deux séminaires et du traitement de l'évêque, des vicaires-généraux et du chapitre. Sans doute, mieux vaut que les séminaires soient fondés, organisés dès le commencement, mais cela n'est pas rigoureusement nécessaire. A Laval, Monseigneur Wicart recrute son clergé dans le séminaire du Mans, qui provisoirement sera commun aux deux diocèses.

Le département du Nord est riche, et l'on peut espérer que le conseil-général prêterait généreusement son concours à une œuvre dont il saurait apprécier la haute portée.

Le gouvernement, on le sait, est favorablement disposé. La plus grande partie des dépenses serait à la charge de l'État. On a vu la position du département du Nord relativement à la répartition du fonds commun. Il suffirait peut-être d'affecter à l'érection d'un évêché pendant une année ou deux la différence de ce que le département verse au fonds commun et de ce qu'il reçoit pour couvrir toute la dépense.

Quant à la ville de Lille, si elle avait à intervenir, les sacrifices peu importants qu'elle ferait seraient largement compensés par l'augmentation de son revenu.

La charité privée, qui, chaque jour, se montre si active dans notre pays, ne ferait pas défaut. On pourrait compter sur son concours pour l'entretien des séminaires.

L'inconvénient qui résulterait de la complication des rapports entre le pouvoir civil et le pouvoir ecclésiastique n'est pas sérieux. Depuis longtemps le principe d'un évêché par département a été abandonné. Voici la situation de la France sous ce rapport:

La circonscription de 72 départements coïncide avec celle du diocèse.

Deux départements se divisent en deux diocèses: le département des Bouches-du-Rhône, qui comprend les diocèses de Marseille et d'Aix, et le département de la Marne, dont une partie appartient au diocèse de Reims, et dont l'autre partie forme le diocèse de Châlons-sur-Marne.

Douze départements sont placés dans une condition inverse, c'est-à-dire qu'un seul siége épiscopal existe pour deux départements. Le Rhône et la Loire forment le diocèse de Lyon; le Cher et l'Indre, celui de Bourges; le Doubs et la Haute-Saône, celui de Besançon; la Creuse et la Haute-Vienne, celui de Limoges; les Deux-Sèvres et la Vienne, celui de Poitiers; le Haut-Rhin et le Bas-Rhin, celui de Strasbourg.

La division proposée n'aurait donc rien d'anormal.

Le diocèse d'Arras, très populeux, puisqu'il a près de 700,000 habitants, renferme deux anciennes villes épiscopales, Boulogne et Saint-Omer, qui, à plusieurs reprises, cette dernière surtout, ont manifesté un vif désir de recouvrer leur ancien rang. Nous n'avons pas à apprécier les raisons émises à l'appui de leur demande, mais comme, entr'autres plans, il a été proposé de faire entrer dans le diocèse de Saint-Omer les arrondissements de Dunkerque et d'Hazebrouck, nous devons signaler les inconvénients de cette combinaison.

Les arrondissements de Dunkerque et d'Hazebrouck n'ont jamais appartenu au diocèse de Saint-Omer. Les habitants du Pas-de-Calais et ceux de cette partie du Nord n'ont ni le même caractère, ni la même langue, tandis qu'il y a de nombreux rapports entre l'arrondissement de Lille et ceux de Dunkerque et d'Hazebrouck. Une telle mesure préjudicierait gravement aux intérêts de Lille et de son arrondissement en ne donnant pas satisfaction à leurs besoins argents sous le rapport spirituel et moral, et serait d'ailleurs la cause d'une difficulté insurmontable. En effet, le nombre des familles ouvrières parlant exclusivement le flamand est déjà très grand dans l'arrondissement et tend à s'accroître de plus en plus, au point qu'il importe beaucoup qu'une partie notable du clergé parle cette langue, qui ne peut être apprise dans un âge avancé, et que ne parle pas d'ailleurs la classe dans laquelle le clergé se recrute, de telle sorte que n'ayant plus les arrondissements de Dunkerque et d'Hazebrouck, l'archevêque de Cambrai serait dans l'impossibilité de se procurer des prêtres flamands pour Lille et les environs.

En outre, ce système laisserait au diocèse de Cambrai une population de plus de 850,000 habitants. Or, les arrondissements de Lille et de Valenciennes ont vu leur population s'accroître de 88,525 habitants, soit 20 pour 100, de 1836 à 1851, en quinze ans, tandis que dans les cinq autres arrondissements la population pendant le même temps ne s'est accrue que de 43,443, soit 7 1/2 pour 100. Dans le système indiqué plus haut, les arrondissements dont le développement est le plus actif feraient partie du même diocèse qui, dans quelques années, dépasserait encore le chiffre d'un million d'habitants.

Nous ne dirons rien des autres combinaisons; elles ne paraissent pas pouvoir soutenir un examen sérieux.

On se rappelle peut-être que le principal inconvénient que Monseigneur Belmas trouvait à la division projetée de son temps était la difficulté qu'il éprouverait de se procurer un personnel ecclésiastique assez nombreux et des ressources suffisantes en argent. Cette raison, très grave alors, n'a plus aujourd'hui la même force. Les séminaires que l'on venait d'acheter, et qu'il fallait agrandir, sont maintenant montés sur le meilleur pied et ne demandent plus les mêmes sacrifices. La division diminuerait nécessairement les exigences pour l'entretien de toutes les œuvres diocésaines, et d'un autre côté si l'esprit catholique n'a pas produit de grandes choses dans l'arrondissement de Lille exclusivement, le mouvement religieux s'est propagé dans les autres arrondissements et principalement dans celui de Valenciennes; les aumônes de toute nature sont devenues plus abondantes et les vacations ecclésiastiques plus nombreuses. Ajoutons que les paroisses sont généralement desservies par un clergé jeune et actif. La nécrologie le prouve : en 1854, sur un si grand nombre de prêtres, il n'y eut que trois décès; en 1855, sur quatorze prêtres décédés, quatre seulement avaient plus de soixante ans.

V

Les considérations qui précèdent serviront, nous en avons la confiance, à ranimer les désirs, à raffermir les espérances. Comment ne formerions-nous pas les vœux les plus ardents pour la réalisation d'un projet qui doit être si avantageux pour notre pays lorsque nous voyons d'autres contrées, avec moins de raisons, s'agiter dans le même but? Il y a quelques jours à peine, les journaux parlaient des vœux et des efforts des habitants de Saintes pour obtenir un siége distinct de La Rochelle. Puissent-ils réussir! Mais il faut reconnaître que nous nous trouvons dans des conditions beaucoup plus favorables.

Que faire pour parvenir à cet heureux résultat? Monseigneur Wicart, dont les paroles que nous avons citées en commençant nous ont paru s'appliquer à notre pays, disait ensuite de quelle manière on fait valoir les droits de cette nature, et ce qui avait amené la création de l'évêché de Laval : « D'où vous vient entre tous ce bonheur singulier?
» D'où il vous vient? De Dieu, nos très chers Frères, et de
» vous-mêmes; de Dieu surtout, mais de vous aussi pour-
» tant; de votre foi, de votre ardente piété. Nous n'en dou-
» tons pas, c'est cet esprit de foi, c'est cette si vive piété
» qui a tout préparé et tout obtenu. Paris et Rome, Napo-
» léon III et Pie IX, le chef de l'empire et le chef de la
» chrétienté en ont été tour-à-tour émus; et les obstacles
» accumulés ont cédé tous devant cette humble prière. C'est
» que Dieu inclinait les cœurs à récompenser vos mérites,
» pour vous procurer le moyen d'en acquérir de nouveaux
» et de plus grands. Ainsi en juge, non pas seulement celui
» qui devient par cet événement le Pasteur particulier de
» vos âmes, et dont l'appréciation pourrait être suspecte de
» flatterie, mais ainsi en a jugé lui-même et parlé, en di-
» verses rencontres, le saint Pontife à qui nous devons la
» création du nouvel évêché, et qui, dans la bulle même
» d'érection de ce siége, s'est plu à nommer solennellement,
» pour la glorifier dans les siècles futurs, la noble femme
» dont vous connaissez le généreux testament, comme il a
» voulu plus tard faire briller sur des poitrines que vous
» honorez tous un signe public de sa paternelle satisfaction
» pour des services rendus à cette belle cause, dont le

» triomphe définitif vous rend aujourd'hui tous heureux.
» Louange donc à vous tous! Reconnaissance à l'Empereur!
» Reconnaissance au Souverain-Pontife! Mais gloire suprême
» à Dieu tout-puissant et infiniment bon, et soumission,
» amour toujours croissant de notre part envers son éter-
» nelle majesté. »

Lille. Imp. de E. Reboux.

www.ingramcontent.com/pod-product-compliance
Lightning Source LLC
Chambersburg PA
CBHW061016050426
42453CB00009B/1481